Papy raconte-moi ton histoire

Papy raconte-moi ton histoire

Journal de mémoire à compléter par votre grand-père pour connaître son histoire ! Idée cadeau original fête des grands-Pères

© 2018, Eka's production
Édition : BoD – Books on Demand, 12/14 rond-point des Champs-Élysées, 75008 Paris
Impression : BoD – Books on Demand, Norderstedt, Allemagne
ISBN : 978-2-3222-5989-2
Dépôt légal : 11/20

Cher

Je t'offre aujourd'hui ce livre pour que tu puisses écrire l'histoire de ta vie

Certaines questions sont très personnelles, tu as le choix d'y répondre ou non

Mais le plus important, c'est de répondre à ces questions avec ton cœur

Une fois que tu auras fini d'écrire, je lirais l'histoire de ta vie

Merci

Pour commencer, raconte-moi ton meilleur souvenir d'enfance...

Raconte-moi comment étaient tes grands-parents...

Où as-tu vécu les premières années de ta vie ?

Comment te décrivaient tes parents ?

Raconte-moi qui étaient tes sources d'inspiration à l'adolescence ?

Dis-moi comment s'appelaient tes parents ?
Quelles étaient leurs origines ?
Parle-moi d'eux...

Quels principes t'ont transmis tes parents et qui a guidé ta vie ?

Raconte-moi comment était la vie avec tes parents

Raconte-moi le meilleur souvenir que tu as vécu avec tes parents ...

Raconte-moi une journée mémorable avec tes frères et sœurs...

Qui étaient tes professeurs préférés et pourquoi ?

Parle-moi de ton parcours scolaire ...
Raconte-moi une journée à l'école primaire ...

Parle-moi de tes pires bêtises à l'école ...

Avais-tu de bons résultats à l'école ?

Raconte-moi une super journée de vacances quand tu étais petit...

Te souviens-tu de ton premier baiser ?

Parle-moi de ton service militaire ...
Comment as-tu vécu cette épreuve ?

Parle-moi du quartier où tu habitais...

As-tu eu des animaux durant ta vie ?

Quelles recettes familiales dois-je absolument connaître ?

Quelle chanson t'émeut depuis des années ?

Raconte-moi les voyages que tu as effectués...

Parle-moi de tes films préférés...

Parle-moi de tes sports préférés...
Étais-tu un sportif ?

Parle-moi de tes amis …
Donne-moi leurs noms, histoires…

Parle-moi de moments historiques de ta vie ?

As-tu connu des périodes de guerre ou d'occupation ?

As-tu été mêlé à des affaires judiciaires ?

Parle-moi des langues ou patois que tu parles...

Raconte-moi qui était ta première copine...
Parle-moi d'elle...

Parle-moi de la rencontre avec ta femme ...

Parle-moi de ton travail …
Aimais-tu ton travail ?

Parle-moi de ton mariage...
Raconte-moi la journée en détails...

Raconte-moi une anecdote sur ta femme ...

Parle-moi du moment où vous avez décidé d'avoir des enfants...

Parle-moi de tes enfants ...

Raconte-moi l'accouchement de ta femme ...

Parle-moi de tes premières vacances avec ta femme ...

Raconte-moi tes meilleurs souvenirs heureux ...

Parle-moi de ta religion...

La foi joue un rôle dans ta vie ?

Quelles ont été les circonstances de ton Baptême ?

Raconte-moi comment tu as traversé les périodes difficiles de ta vie ?

Parle-moi de l'épreuve la plus difficile de ta vie ...

Raconte-moi tes traditions préférées ...

Parle-moi de tes petits-enfants ...

Parle-moi de tes talents...

Parle-moi de tes passe-temps préférés...

Raconte-moi 5 événements intéressants que tu as vécus ...

Qu'as-tu découvert depuis dix ou vingt ans que tu aurais aimé découvrir plus tôt ?

À quoi aurais-tu aimé consacrer plus de temps ?

Quelles sont tes activités préférées maintenant ?

Qu'espères-tu pour tes enfants et petits-enfants ?

Parle-moi de ton plus grand succès de vie ...

Raconte-moi ton principal regret...

Quels sont les rêves que tu as réalisés et ceux qui ne le sont pas ?

Le monde a tellement changé depuis ta naissance, quels progrès t'ont le plus étonné ?

Qui sont tes meilleurs amis aujourd'hui ?

Si tu pouvais changer une chose dans ta vie ...
Que changerais-tu ?

Quelle chose as-tu toujours voulu me demander ?

Maintenant que tu as écris l'histoire de ta vie, transmet ce livre à tes enfants et petits-enfants pour qu'ils puissent lire TON histoire

PAPY